Ansiedad

Deshágase de fobias, estrés y depresión usando terapia cognitiva conductual y meditación (La mejor guía para reducir el estrés y los ataques de pánico)

Vic Jaime

Publicado Por David kruse

© **Vic Jaime**

Todos los derechos reservados

Ansiedad: Deshágase de fobias, estrés y depresión usando terapia cognitiva conductual y meditación (La mejor guía para reducir el estrés y los ataques de pánico)

ISBN 978-1-989744-22-2

Este documento está orientado a proporcionar información exacta y confiable con respecto al tema y asunto que trata. La publicación se vende con la idea de que el editor no esté obligado a prestar contabilidad, permitida oficialmente, u otros servicios cualificados. Si se necesita asesoramiento, legal o profesional, debería solicitar a una persona con experiencia en la profesión.

Desde una Declaración de Principios aceptada y aprobada tanto por un comité de la American Bar Association (el Colegio de Abogados de Estados Unidos) como por un comité de editores y asociaciones.

Se establece que la información que contiene este documento es veraz y coherente, ya que cualquier responsabilidad, en términos de falta de atención o de otro tipo, por el uso o abuso de cualquier política, proceso o dirección contenida en este documento será responsabilidad exclusiva y

TABLA DE CONTENIDO

Parte 1

Introducción

Bienvenido y gracias por unirse a nosotros en Ansiedad:

No importa si buscas ayuda para ti o para un ser querido, este es un gran libro que te ayudará a comenzar el camino hacia una vida mejor y más plena. La ansiedad actúa como una nube, flotando sobre nosotros y haciendo que llueva incluso en nuestros mejores días. Puede causar estragos de numerosas maneras, rompiendo relaciones, cambiando la manera en que pensamos y sentimos, e incluso puede causar que algunos terminen con sus vidas demasiado pronto.

En los próximos capítulos discutiremos:

Qué es la ansiedad
 El papel del cerebro en la ansiedad

La gran variedad de síntomas de la ansiedad

Y por supuesto, lo que ha hecho encontrarnos aquí: numerosas técnicas derivadas de los militares que cualquiera puede utilizar para vencer su ansiedad ¡para siempre!

Si bien hay un montón de libros e información sobre la ansiedad y sobre cómo afecta a millones de vidas, prácticamente nadie está hablando de utilizar tácticas militares para ayudar a reconstruir la mente de una manera positiva, eliminando la ansiedad desde su núcleo.

Se ha puesto mucho esfuerzo para asegurar que este libro contenga la mayor cantidad de información útil posible. Disfruta de la lectura y espero que puedas encontrar herramientas que te ayuden a recuperarte del huracán de la ansiedad.

Capítulo 1: ¿Qué es la Ansiedad?

Imagina vivir cada día de tu vida con miedo y en negación, como si una sombra constantemente te siguiera a todas partes, haciéndote dudar de ti mismo y de los que te rodean. Esto seríaapenas una pequeña cápsula de lo que significa vivir con ansiedad ya que, desafortunadamente, puede profundizarse mucho más en las vidas de aquellos que la padecen.

El conocimiento es poder; la mejor manera de vencer la ansiedad es entenderla verdaderamente y cómo ésta puede afectar tu manera de hacer las cosas, tus niveles hormonales, tu conciencia y mucho más.

Entonces ¿Qué es la ansiedad?

La ansiedad es una condición física, mental y emocional que en la mayoría de las personas es y debería de ser sólo una reacción corporal natural. Es la respuesta de nuestro cuerpo a entornos y escenarios desconocidos o peligrosos. Todos podemos ponernos ansiosos de vez en cuando, sintiéndonos afligidos o incómodos. Probablemente has experimentado ansiedad en un nivel más bajo, tal vez durante una entrevista, actuando frente a otros, o antes de un gran partido de campeonato.

Estar ansioso es una respuesta natural que nuestro cuerpo puede sentir durante estos tipos de acontecimientos. Es responsable de proporcionarnos un impulso de conciencia que necesitamos para estar alertas y prepararnos para luchar.

La respuesta de "pelear o huir" es una de las reacciones bajo el paraguas de la ansiedad. Pero, ¿puede imaginarse sentirse incómodo todo el tiempo, incluso durante los momentos de calma? Aquellos que sufren con un exceso de ansiedad tienen problemas para concentrarse, se asustan fácilmente y algunos incluso temen abandonar la comodidad de sus hogares. Vivir con un trastorno de ansiedad es debilitante y en algunos casos decirlo describirlo así suena suave.

La Ansiedad y el Cerebro

No debería sorprenderte que el culpable de que te sientas ansioso todo el tiempo sea tu cerebro. Tu mente es responsable de manifestar pensamientos, los cuales pueden afectar directamente la química general de tu cerebro, afectando tus pensamientos e ideas futuras, así como cambiando la forma en que funciona tu cuerpo.

A pesar de la negatividad que rodea al término ansiedad, es un trastorno muy interesante cuando uno se toma el tiempo deanalizarlo. La ansiedad tiene el poder de causar síntomas físicos, incluso cuando las personas no se sienten ansiosas. Esto puede finalmente cambiar la manera en que respondes a los eventos, lo cual se refuerza negativamente en tus comportamientos diarios, razón por la cual nuestras mentes y nuestra ansiedad tienen una relación muy compleja.

La ansiedad está típicamente forjada por los muchos años de experiencias personales. En algunos casos, sin embargo, podemos nacer con problemas en los neurotransmisores de nuestro cerebro que nos ayudan a controlar el estado de ánimo, razón por la cual muchos otros están más predispuestos al desarrollo de la ansiedad a lo largo de sus vidas.

La ansiedad y los neurotransmisores

Su cerebro responde a los neurotransmisores, que son las pequeñas sustancias químicas dentro del cuerpo que envían mensajes a su cerebro, diciéndole cómo actuar, pensar, sentir y más. Hay muchos neurotransmisores que se ha descubierto que están relacionados con la ansiedad, tales como:

Norepinefrina
Cortisol
GABA
Serotonina
Dopamina

Demasiado o muy poco de cualquier hormona puede afectar su ansiedad de varias maneras. El difícil problema de resolver es encontrar el equilibrio correcto. Si su cerebro no recibe la asignación correcta de serotonina, esto puede causar que los síntomas de ansiedad aumenten.

Cuando se trata de los temas de la producción de neurotransmisores, las causas y los efectos son todavía ampliamente desconocidos. Es casi imposible distinguir entre equilibrios como resultado de experiencias de vida o de la genética. Una o ambas cosas puede pasarle a cualquiera que viva con ansiedad. En la mayoría de los casos, encontramos que hay una combinación de experiencias y genética a las que culpar.

Activación del cerebro y la ansiedad

Hay esencialmente dos fraccionesen todos los trastornos de ansiedad, y las personas que soportan de esta dolencia pueden sufrir con ambas:

Mental: Incluye pensamientos nerviosos, preocupación, enojos verbales, etc.
*Física:*Incluye mareos, ataques de pánico, taquicardias, etc.

Incluso cuando uno empieza a

preocuparse menos, es frecuente que se experimenten síntomas físicos. Las activaciones mentales y físicas de la ansiedad iluminan diferentes áreas del cerebro, con pensamientos que se muestran en el lado izquierdo y físicos que aparecen en el derecho.

La ansiedad y las hormonas

El equilibrio de las hormonas en el cerebro y en todo el cuerpo juega un papel importante en la forma en que la ansiedad te afecta a ti también. Hay muchas hormonas que afectan directamente la química del cerebro, la producción de neurotransmisores y más.
Si alguna hormona está fuera de control, entonces la ansiedad puede desarrollarse a partir de esto. He aquí un par de hormonas esenciales que afectan al cerebro:

*La Adrenalina*es una de las hormonas corporales a las que puedes señalar con el dedo cuando te sientes muy ansioso.

Libera hormonas para activar su sistema de lucha o huida, lo cual puede causar aumento en la frecuencia cardíaca, tensión y más. Si usted sufre de ansiedad y estrés durante un largo período de tiempo, esto puede dañar su capacidad para controlar su adrenalina, lo cual puede llevar a un empeoramiento de los síntomas de ansiedad.

La *hormona tiroidea* es responsable de regular los niveles de norepinefrina, serotonina y otras hormonas que se crean y envían a todo el cerebro. Esto significa que la culpa por el aumento de los problemas de ansiedad pueda ser de su tiroides.

La realidad de la ansiedad

Si tuvieras que correr la cortina de la ansiedad y ver lo que hay detrás cuando nunca has sido una víctima, probablemente huirías rápidamente. Cuando otras personas se imaginan cómo es la ansiedad, normalmente se inclinan hacia la visualización de una persona mental y físicamente inestable. En realidad, esto es exactamente lo contrario. Aquellos que experimentan ansiedad diariamente son típicamente bastante fuertes. De hecho, muchos de los que viven con ansiedad son muy exitosos, a pesar de sus pensamientos siempre en estado alerta. Al igual que todos los demás, la mayoría de ellos se dan cuenta de que deben seguir adelante a pesar de cómo se sienten y se interpretan a sí mismos por dentro. Hay muchos individuos famosos y brillantes ahora y en la historia con problemas de ansiedad.

Muchas personas que sufren de ansiedad sufren ataques de pánico de forma regular o tienen algún tipo de fobia, lo que puede hacer que se sientan avergonzados de su "enfermedad", lo que les hace sentirse un poco locos. Algunos días son mejores que otros, pero aquellos que experimentan síntomas causados por estas enfermedades mentales típicamente tienen un conteo más alto de días malos que de días buenos.

A menudo sienten que están siempre bajo una nube oscura que hace llover a cántaros, pero que la lluvia no se compone sólo de agua. Esas gotas del cielo sobre sus cabezas son creadas a partir de visiones sorprendentes, lógica perturbadora, sentimientos de inutilidad y/o desesperanza y de miradas que reciben tanto de sus seres queridos como de extraños, todo cuando creen que de verdad están en una especie de crisis personal o se sienten como si estuvieran a punto de ser empujados al borde del abismo.

Usted está hoy aquí porque está harto de la monotonía de la información que le proporcionan Internet y los "expertos". Hoy, vamos a discutir cómo las tácticas militares pueden detener la ansiedad y al mismo tiempo empujarla al abismo ¡de una vez por todas!

Capítulo 2: Síntomas de la Ansiedad

Cuando se trata de los síntomas que las personas pueden tener con ansiedad, hay muchos extraños e inusuales, así como los que son bastante comunes entre la población que los padece.

Síntomas comunes

Los síntomas más comunes que experimentamos gracias a la ansiedad son causados por el sistema natural de lucha o huida de nuestro cuerpo, que se construye dentro del cerebro para mantenernos a salvo de algún daño. Sin embargo, cuando este sistema no funciona como debe, el cerebro puede volverse más ansioso de lo que necesita. Si usted tiene ansiedad, probablemente experimentará muchos de los siguientes síntomas:

Eructos
Rubor
Dificultades para respirar/respiraciones superficiales

Dolor, presión y/u opresión en el pecho
Escalofríos
Problemas de concentración
Tos
Despersonalización
Problemas para hablar
Problemas digestivos
Mareos/vértigo
Miedo
Sentirse enfermo
Sentirse abrumado
Temblores
Dolores de cabeza
Palpitaciones cardíacas
Insomnio y somnolencia
Niveles de energía más bajos
Tensión muscular y músculos adoloridos
Nerviosismo
Sudoración
Bostezos

Estos son todos los tipos de síntomas más comunes que se relacionan con la ansiedad. Si usted no ve sus síntomas en esta lista, esto no significa necesariamente que sean raros. De hecho, hay tantos como miles de otros síntomas que la ansiedad presenta en personas de todo el mundo.

Síntomas mentales de ansiedad

El lugar más obvio para empezar cuando se trata de discutir los otros síntomas de la ansiedad es la mente, ya que la ansiedad es una condición de salud mental. Como ya sabes, la ansiedad tiene el poder de alterar el cerebro. Por ejemplo, cuando las personas sin ansiedad cuentan chistes y nadie se ríe, simplemente siguen adelante con su día. Pero aquellos con ansiedad se preguntarán por qué nadie pensó que era gracioso y se sentirán juzgados y posiblemente ofendidos.

En otras palabras, la misma situación se procesa de forma completamente diferente entre estas dos personas. La ansiedad puede causar síntomas mentales extraños. Puede causar una pérdida de la capacidad de sentir placer. Puede causar pensamientos intrusivos. E incluso puede llegar a hacerte olvidar quién eres.

La ansiedad cambia a los mensajeros en tu cerebro que te dicen cómo pensar y actuar. Ten la seguridad de que hay curas para la ansiedad a las que llegaremos más tarde. Es importante entender que la ansiedad cambia tu cerebro como una enfermedad, pero ninguno de esos cambios tiene por qué ser permanente.

Síntomas presentes en el pensamiento

Loco
Negativo
Perturbador
Intrusivo
Irracional
Obsesivo
Apurado
Aterrador
Extraño
Violento
Raro

Si usted lucha con pensamientos que encajan en cualquiera de las categorías anteriores, necesita saber que probablemente son causados por el monstruo de la ansiedad que está plagando su mente.

Síntomas de funcionamiento cognitivo

Alucinaciones auditivas
Delirios
Confusión
Desprendimiento
Demencia
Realidad distorsionada
Olvido
Alucinaciones
Pérdida de la memoria
Pesadillas
Otros problemas neurológicos

La mayoría de las veces, los problemas emocionales que sufrimos pueden estar fuertemente relacionados con el funcionamiento cognitivo y el tipo de pensamientos que tenemos.

Síntomas emocionales de la ansiedad

La ansiedad tiene una fuerte influencia en sus emociones. La ansiedad en sí misma es una emoción en muchos sentidos, por eso es tan poderosa cuando altera hormonas como la dopamina y la serotonina, que son las responsables de regular las emociones. No es un fenómeno poco común para aquellos que sufren de ansiedad que otros jueguen con sus emociones. Ciertas personas experimentan algunos desencadenantes emocionales, lo que puede hacer que se sientan extremadamente felices, por ejemplo. Debido a que la ansiedad altera los neuroquímicos asociados con el estado de ánimo, muchos síntomas de ansiedad emocional son considerados como comunes.

Síntomas en el estado de ánimo

En última instancia, la ansiedad cambia la forma en que el estado de ánimo se ve afectado, ya que le indica al cerebro que transmita los neurotransmisoresde manera diferente a lo normal. Usted puede experimentar todos o algunos de los siguientes síntomas basados en el estado de ánimo:

Violencia o agresión
Agitación
Ira
Se molesta fácilmente
Apatía
Euforia
Necesidad excesiva de llorar
Hiperactividad
Histeria
Dificultades de comunicación
Impulsividad
Irritabilidad
Cambios de humor
Aislamiento que lleva a la soledad
Sentirse'adormecido'
Comportamiento psicótico
Tristeza excesiva
Pensamientossuicidas

Síntomas de miedo

La ansiedad es una forma de miedo en sí

misma, ya que los miedos se pueden traducir posteriormente en el desarrollo de un trastorno de ansiedad. Las fobias son miedos extremos a cosas específicas y causan su propio conjunto de síntomas de ansiedad:

Se asusta fácilmente
Miedo a morir
Miedo de volverse loco
Hipocondría

Síntomas de la Ansiedad que Afectan a Todo el Cuerpo

Como podrá imaginar, hay muchos tipos de síntomas que pueden surgir físicamente gracias a la ansiedad, desde la cabeza hasta los dedos de los pies.

Síntomas musculares

Molestias
Calambres
Dolor
Espasmos
Rigidez
Sacudidas
Debilidad

La tensión muscular es otro síntoma relacionado con los músculos que se mencionó anteriormente en la sección "Común". Hay muchos tipos de dolor y malestar que pueden ser causados por los músculos.

Síntomas del sistema circulatorio

La ansiedad puede afectar directamente la forma en que el corazón bombea la sangre a todo el cuerpo, la respuesta de las hormonas y mucho más.

Presión arterial baja
Hipertensión
Cambios hormonales
Problemas circulatorios

La ansiedad también puede empeorar cualquier síntoma previo que ya tenga. Afortunadamente, la mayoría de los síntomas mencionados anteriormente en la categoría circulatoria son temporales y no representan ningún daño a largo plazo.

Síntomas de la temperatura

La ansiedad puede incluso cambiar su calor corporal, haciéndole sentir frío, calor o ambos.

Fiebre

Sudores fríos

Fluctuaciones de la temperatura corporal

Sentir frío

Bochornos y sofocos

Calor

Hiperhidrosis

Algunos de estos síntomas de la temperatura tienen el poder de causar más ansiedad, lo que puede resultar en pasar mucho tiempo en Google tratando de averiguar lo que está mal. Afortunadamente, estos, rara vez son síntomas dañinos.

Síntomas en todo el cuerpo

Estos síntomas afectan a todo su cuerpo y no encajan en ninguna categoría:

Dolores y molestias inexplicables
Olor corporal excesivo
Dolor en las articulaciones
Entumecimiento y/u hormigueo
Obesidad
Dolor
Sensación de hormigueo
Inquietud
Dificultad para moverse
Sistema inmunológico debilitado

Muchos síntomas de ansiedad también tienen la capacidad de migrar, lo que significa simplemente que puede sentir como si se ésta le hubiera afectado todo el cuerpo.

Síntomas en los órganos

Los síntomas de ansiedad relacionados con los órganos son menos comunes, pero tienden a afectar más su piel, que es el órgano más grande de su cuerpo.

Ardor de la piel
Eccema
Palpitaciones cardíacas
Problemas renales
Erupciones cutáneas
Manchas rojas
Cambios en la coloración de la piel
Frecuencia cardíaca lenta
Problemas del bazo
Taquicardia
Fibrilación auricular

Síntomas oculares

La ansiedad, al igual que en el cerebro, también puede causar estragos en la vista. Esto se debe principalmente a la respuesta de su cuerpo de pelear o escapar, lo cual resulta en la constricción de los vasos sanguíneos que le ayudan a concentrarse.

Ceguera
Visión borrosa

Visión doble
Dolor en los ojos
Problemas oculares
Cambios en las pupilas
Ver manchas
Ojos adoloridos
Problemas de visión

Síntomas en la cabeza

Todavía no se ha determinado por qué el estrés y la ansiedad tienen tal efecto en la cabeza. La tensión muscular en la cabeza es una de las razones más comunes.

Migrañas
Picazón en el cuero cabelludo
Presión en la cabeza
Dolor de cabeza
Problemas con el cabello
Pérdida de cabello

Síntomas nasales

El estrés que causa ansiedad es la razón detrás de los problemas nasales de muchas personas. También pueden empeorar las alergias.

Cambios en el olfato
Goteo nasal
Sangrado nasal excesivo
Tics nasales

La hipersensibilidad se convierte en un problema importante aquí y la ansiedad puede hacer que los problemas nasales ya de por sí prominentes empeoren.

Síntomas bucales

Las mismas sensibilidades que experimenta su nariz también pueden ocurrir en su boca. La ansiedad puede causar tanto como un mal sabor en su boca y también puede resultar en que usted esté demasiado consciente de los sabores.

Problemas dentales
Cambios en el gusto
Sensación de sabor metálico

Morder los labios
Boca seca
Babeoexcesivo
Limitación de la voz
Mal sabor en la boca

Síntomas en el oído

Hay muchas personas que sufren de ansiedad que han reportado tener sensaciones auditivas extrañas, tales como un ruido fuerte de golpe y otras cosas relacionadas.

Vértigo
Tinnitus
Zumbido en los oídos
Problemas de audición

Síntomas del habla

La ansiedad afecta sus pensamientos y su boca, lo cual significa que los problemas del habla pueden ser una ocurrencia común.

Cambios en los patrones del habla
Problemas de concentración y deglución
Lenguaje mal articulado
Sensibilidad al sonido

Capítulo 3: Causas de la Ansiedad

Todo el mundo se pone ansioso y agotado de vez en cuando, pero si siempre se siente tenso y nervioso, puede tener problemas con la ansiedad. Usted puede tener más de un trastorno de ansiedad ya que puede ser una causa directa de una afección médica, estrés y/u otros factores.

Entonces, ¿qué causa la ansiedad? Bueno, esta es una pregunta bastante extensa...

Hay algunas personas que están predispuestas a desarrollar trastornos de ansiedad debido a su personalidad. Al igual que otras condiciones de salud, se sabe que la ansiedad es hereditaria, en la cual la genética juega un papel en quién la desarrolla en su vida y quién no.

El estrés también puede jugar un papel importante en sus niveles de ansiedad. Si se produce una pérdida repentina y eventos importantes en la vida, puede ser un desencadenante de afecciones como los ataques de pánico. Para algunas personas, hasta el más pequeño de los factores estresantes, como estar atascado en el tránsito o hacer largas colas en la tienda, puede hacerlos estallar.

En este capítulo discutiremos las causas más comunes de la ansiedad y cómo se pueden desarrollar con el tiempo.

Los problemas de ansiedad tienden a tener una red muy complicada de causas, tales como:

Problemas ambientales, como el estrés de las relaciones, la escuela, las finanzas, los acontecimientos traumáticos, etc.
Genética
Factores médicos, como los efectos secundarios de los medicamentos que está tomando, los síntomas de las afecciones, el estrés debido a problemas médicos subyacentes, etc.
La química de su cerebro

El uso o la abstinencia de sustancias ilícitas

Problemas cardíacos

Si alguna vez ha tenido la "suerte" de experimentar un ataque de pánico, está muy familiarizado con la forma en que sus manos se vuelven húmedas y es incapaz de recuperar el aliento y siente que su corazón está tratando de salir de su pecho. Lo que es irónico es que muchas personas no son conscientes de que los problemas relacionados con el corazón pueden ser un desencadenante de la ansiedad. Las personas con trastorno(s) de ansiedad generalizada(s) tienen un riesgo mucho mayor de sufrir enfermedades cardiovasculares y ataques cardíacos. Un tercio de la población mundial experimenta palpitaciones cardíacas y falta de aliento, siendo estos síntomas más comunes en las mujeres.

Consumo de alcohol y drogas

El fuerte vínculo entre la ansiedad y el consumo de alcohol ha sido probado por miles de estudios. De hecho, investigaciones recientes han demostrado que las personas con problemas de ansiedad son tres veces más propensas a tener problemas con el abuso de drogas y alcohol.

Aquellos que tienen trastornos de ansiedad social son más propensos a tener síntomas muy graves de ansiedad, así como otras afecciones de salud y problemas emocionales. No importa el problema, la combinación de ansiedad, drogas y/o alcohol puede llevar a un círculo vicioso.

Cafeína

Hay cafeína en muchas cosas que comemos y bebemos. Es un estimulante común, que puede llevar a problemas de ansiedad en las personas que lo padecen.

La cafeína causa efectos de nerviosismo en el cuerpo humano, que pueden ser similares a cómo nos sentimos después de un evento aterrador. Se sabe que la cafeína activa nuestra respuesta de pelear o huir, lo que naturalmente puede empeorar la ansiedad e incluso llegar a desencadenar un ataque de ansiedad.

Medicamentos

Hay ciertos medicamentos que la gente toma que pueden tener algunos efectos secundarios desagradables y causar síntomas de ansiedad. Algunos de los medicamentos a los que se debe prestar atención son para la tiroides, el asma y los descongestionantes de venta libre, que pueden poner en riesgo a las personas que padecen ansiedad.

Lo mismo ocurre con los medicamentos que se usan para tratar los síntomas de ansiedad, como las benzodiazepinas.

Suplementos para bajar de peso

Los suplementos para bajar de peso que usted obtiene sin receta médica pueden tener efectos que producen ansiedad. Una de las más comunes, la hierba de San Juan, puede causar insomnio.

Los extractos de té verde contienen toneladas de cafeína, que usted ya ha aprendido que puede contribuir fuertemente a la ansiedad. La guaraná se encuentra en muchos productos de venta libre y contiene el doble de cafeína que el café. Además, tenga cuidado con cualquier producto que contenga efedra, ya que esto puede provocar un aumento importante de la frecuencia cardíaca.

Problemas de la glándula tiroides

La glándula en forma de mariposa en la parte frontal del cuello es la tiroides. Esta glándula produce hormonas que ayudan a regular su metabolismo y sus niveles de energía. Si su tiroides no funciona correctamente, puede crear muchos síntomas de ansiedad debilitantes. Si produce demasiado, puede hacer que se ponga excesivamente nervioso e irritable. Puede causar ansiedad junto con pérdida o aumento de peso, debilidad, intolerancia al calor y más.

Estrés

El estrés es la principal causa de ansiedad, lo que hace que vayan de la mano unos con otros. El estrés puede fácilmente empeorar los síntomas de ansiedad existentes, mientras que la ansiedad puede empeorar sus niveles de estrés.

Cuando usted está tenso, puede recurrir a otros comportamientos, como beber, para tratar de combatir su ansiedad. Tanto el estrés como la ansiedad se combinan con síntomas físicos que son similares, como mareos, dolores de cabeza, molestias, dolor y sudoración.

Capítulo 4: Combatir la Ansiedad Utilizando Técnicas Militares

Si recuerda la famosa cita del Presidente Roosevelt, "*Lo único que debemos temer es al miedo en sí mismo*", entonces usted, como enfermo de ansiedad, probablemente lo tomeal pie de la letra. Como soldado de élite, sin embargo, usted debe estar a la altura de esta cita y más.

Los marines, los SEAL y las Fuerzas Especiales no tienen más remedio que enfrentarse regularmente a peligros que amenazan la vida. El hecho es que, si se ven atrapados en el miedo, es más probable que pierdan la vida. Aunque muchos de nosotros nunca tendremos que enfrentarnos a estas experiencias, ¿por qué no estamos usando las tácticas para aplastar el miedo que ellos usan, en nuestras vidas personales?

Dediquetiempo a la preparación

Si está preocupado por una presentación

de trabajo, estresado por una entrevista de trabajo, o asustado por la próxima batalla de rap que podría ayudarle a mudarse de la casa de su mamá, entonces deténgase, prepárese y practique en vez de quedarse sentado.

La clave es perderse en el momento, es lo que hace dedicando un montón de energía a prepararse para lo que le preocupa. Gastar el 75% en preparación y el 25% en el evento real.

Los SEALs son capaces de borrar el miedo practicando sus próximas misiones hasta que se sientan naturalmente seguros. Cuando lo desconocido se vuelve más conocido para ellos, no tienen que mentirse a sí mismos sobre los riesgos, sino que se ponen en una mejor posición para manejar lo desconocido, lo que desarrolla confianza.

Aprender a gestionar el miedo

Una de las mejores maneras de lidiar con el miedo es reírse de él. ¿Qué? ¡Leyó bien! La risa le hace saber que las cosas van a estar bien y que van a funcionar. No se preocupes, hay evidencia que respalda esta teoría. Un estudio de la Universidad de Stanford mostró que aquellos que fueron entrenados para hacer chistes al responder a imágenes negativas fueron capaces de re-encuadrar la imagen negativa de modo que representaran un significado diferente al de aquellos que respondieron negativamente y simplemente se distanciaron de las imágenes. Además, los participantes que usaron su sentido del humor al ver las imágenes también tuvieron mayor fluidez verbal, lo que indica un mayor nivel de funcionamiento cognitivo que los que no usaron el humor. Esta es una manera mucho más saludable de lidiar con el miedo. El mundo es un lugar inevitablemente retorcido, así que ver el lado más divertido de las cosas hace que sea más fácil lidiar con ello.

Respire

Cuando el corazón late desde el pecho, las

articulaciones se convierten en gelatina y el sudor se desprende de la cara, lo mejor que puede hacer para calmar las manifestaciones físicas del miedo derivado de la ansiedad es *respirar*. ¿Así de simple? SÍ. Con sólo inhalar durante cuatro segundos y exhalar durante cuatro segundos, los SEAL pueden calmar sus sistemas nerviosos y mantener el control de sus respuestas biológicas naturales al miedo.

Esencialmente, usted está cambiando el software de su cuerpo para controlar mejor el hardware. En otras palabras, ¡se está dando a usted mismo una bomba súperpotente! La respiración ayuda al cuerpo a pasar de la respuesta de pelear o escapar del sistema nervioso simpático a la respuesta relajada del sistema nervioso parasimpático.

Respiración táctica utilizada por los Navy SEALS para el rendimiento justo antes de una situación de tensa o durante un entrenamiento:

Respire por la nariz. Es muy importante respirar por la nariz, ya que respirar por la nariz estimula las células nerviosas que existen detrás del esternón cerca de la columna vertebral y que desencadenan el sistema nervioso parasimpático. La ansiedad es una respuesta simpática y la parasimpática la contrarresta. Esto calma su cuerpo, lo que luego calma su mente.

Colóquese en una posición sentada relajada y con la mano derecha sobre el vientre.

Active la respiración empujando el vientre hacia afuera y luego inhale profundamente para contar hasta cuatro. Inhala hasta el vientre. Esto hace que se respire profundamente en los pulmones. Exhale por la nariz a la cuenta de cuatro, jalando el ombligo hacia la columna vertebral. Repitatresveces.

Ahora inhale por el vientre y el diafragma a la cuenta de cuatro, de nuevo inhalando hacia el vientre y esta vez levantando el pecho. De nuevo, exhale y a contar hasta cuatro para que la caja torácica se caiga y el ombligo se jale hacia la columna vertebral. Repita tres veces.

Luego, use la misma técnica, esta vez inhalando a la cuenta de cuatro a través del vientre, el diafragma y el pecho, con una ligera elevación de los hombros para inhalar. Exhale a la cuenta de cuatro por el pecho, el diafragma y luego el vientre. Repita tres veces, eventualmente trabajando sus respiraciones hasta ocho veces.

Luego, la respiración en caja es una técnica utilizada por los NavySEALs de los EE.UU. para mantener la concentración y calmar el sistema nervioso después de una situación de tensión, como un combate, un entrenamiento intenso o en cualquier momento en que el deseo es centrarse y enfocarse.

Los beneficios de la respiración diafragmática o profunda incluyen relajación de todo el sistema y proporciona oxígeno al cerebro para concentrarse mejor, mejora la energía, puede ser utilizado por usted para recuperar su sentido de equilibrio, concentración y relajación y puede ser practicado en cualquier momento. Para la respiración en caja, utilice la misma técnica que la respiración táctica, pero con una contención de cinco veces entre respiraciones.

Siéntese en una posición relajada

Inhale profundamente por la nariz durante cinco segundos

Mantenga el aire en sus pulmones durante cinco segundos

Exhale durante cinco segundos, liberando todo el aire de sus pulmones

Mantenga los pulmones vacíos durante cinco segundos

Repita durante cinco minutos o el tiempo que considere necesario

No mantenga las cosas embotelladas

El miedo es como un licor terrible; apesta cuando lo bebes y tiene efectos negativos que duran mucho tiempo, por lo que es importante lidiar con él antes y después del hecho.

Hablar de experiencias aterradoras ayuda a los soldados a localizar el significado detrás de todo esto. Esta comunicación les permite procesar positivamente lo que han pasado y les ayuda a crear relaciones más estrechas con sus compañeros. ¿Asustado? Admítalo ante un amigo.

Escucharlo en voz alta puede ayudarle a sacarlo, confrontarlo y lidiar con él.

Hable más fuerte que tu voz interior

Todos somos conscientes de la charla interior que se produce en nuestra mente a diario. De hecho, nuestra voz interior puede ser muy negativa la mayor parte del tiempo. ¿No sería genial tener un monólogo interior que nos recuerde lo seguros e impresionantes que somos? ¿No sería genial tener un orador motivador interno que nos ayude a superar los momentos difíciles?

Bueno, usted puedes. En momentos de estrés, nuestros cerebros están conectados para crear una conversación personal que puede aumentar nuestros sentimientos de miedo. Como soldado, se espera que luchen contra su auto-comunicación interna y que se concentren en las partes positivas de las experiencias. Con la práctica, son fácilmente capaces de ignorar o incluso borrar la negatividad que sus cerebros les están lanzando. Así que, puede hacer lo mismo en su propia vida.

El miedo y la ansiedad se multiplican cuando imaginamos lo peor. Nuestra imaginación puede ser usada de manera constructiva para planear con anticipación y conducirnos hacia nuestras metas. Sin embargo, también se puede utilizar para imaginar que las cosas van mal. Aunque esto puede ser una herramienta útil para ayudarnos a evitar el peligro y las posibles trampas, los pensamientos negativos incontrolados y habituales pueden crear un caldo de cultivo para la ansiedad y arruinar una vida que de otro modo sería feliz.

Algunas personas abusan de su imaginación crónicamente y sufren mucha más ansiedad que aquellos que proyectan su imaginación de manera constructiva o que no tienden a pensar mucho en el futuro. Los ansiosos y crónicos preocupados tienden a abusar de su imaginación hasta el punto de que los eventos venideros se sienten como catástrofes a punto de ocurrir. No es de extrañar que vidas enteras puedan ser arruinadas por el miedo y la ansiedad.

Reflexione sobre el peor de los casos

No importa a qué le tenga miedo, siempre tiene la oportunidad de evitarlo por el resto de tu vida. Sin embargo, los soldados no tienen esa opción. Se enfrentan a situaciones similares una y otra vez que los asustan. Para asegurarse de que el miedo no los invalide, simulan escenarios estresantes y tratan de experimentar las emociones en ellos también.

En lugar de crear pensamientos felices e ignorar lo que teme, empiece a pensar en las peores cosas que pueden suceder. Cuando es capaz de imaginar el peor miedo y permanecer dentro de una experiencia emocional en lugar de salir de ella, su mente tiende a superar el miedo de forma natural.

Meditación

Sí, incluso los soldados utilizan prácticas de meditación. Este es un método que incluso la mayoría de los soldados de élite utilizan para ayudarles a desestresarse, controlar el miedo y prepararse para el combate. Aquellos que practican la meditación reportan un aumento en sus habilidades y una mayor habilidad para lidiar con la presión y adaptarse a la vida cuando regresan a casa.

Cambie su forma de pensar

Vuelva a formular su definición de los síntomas. Vuelva a enmarcar los síntomas de la ansiedad - dele un significado diferente. Esas palmas sudorosas, el corazón acelerado y el mareo pueden significar un ataque de pánico, o pueden significar ¡la aventura más emocionante y divertida de su vida! Su cuerpo no sabe la diferencia y sólo está haciendo lo que hace por naturaleza, pero usted puede elegir cómo definir esa prisa repentina. ¿No me cree?

¿Cómo cree que los adictos a la adrenalina se tiran por los acantilados, saltan motocicletas o nadan con tiburones? Su definición de lo que llamamos miedo es diferente. Todavía experimentan los mismos químicos potentes que recorren su cuerpo, pero las sensaciones tienen un significado diferente para ellos. Lo que usted experimenta como miedo, pavor y muerte cercana puede ser definido como emocionante, excitante y de vitalidad para otra persona.

Lo bueno de redefinir estos síntomas de manera consistente y deliberada es que se puede volver a cablear el cerebro. Lo que nos lleva a la neuroplasticidad.

Neuroplasticidad

La neuroplasticidad ocurre con cambios en el comportamiento, el pensamiento y las emociones. Con la práctica consciente, podemos alterar nuestras vías neurales para movernos naturalmente hacia nuestras emociones deseadas, tales como estar agradecidos, calmados y felices y alejados de la ira, el estrés y el pánico.

A medida que usted elige responder con emociones positivas, puede fortalecer los caminos neuronales hacia las emociones deseadas. A medida que usted hace más conexiones neuronales con el tiempo a su emoción deseada, los caminos hacia las reacciones negativas eventualmente se vuelven más débiles y revueltos. Esto incluso funciona cuando se utilizan los ensayos mentales de la situación y se practica la respuesta deseada.

Recuerde, esto también puede funcionar a la inversa. Si usted tiene una respuesta habitual a las circunstancias, como estar enojado en un embotellamiento y repite estas respuestas una y otra vez en un alto estado de emoción, usted fortalecerá los caminos neuronales hacia la emoción de la ira en esa situación. Los maestros a lo largo de los siglos que enseñaron el pensamiento positivo y la fe pueden haber estado realmente en algo y ahora podemos probarlo científicamente.

Muévase

El ejercicio suele estar asociado con la pérdida de peso, una mejor salud física y un sistema inmunológico más fuerte. Pero los beneficios del ejercicio pueden expandirse mucho más. El ejercicio es tan importante para su salud mental como para su salud física.

La actividad aeróbica promueve la liberación de endorfinas que se liberan en el cerebro y actúan como analgésicos, lo que también ayuda a aumentar la sensación de bienestar. Las endorfinas también mejoran los niveles de energía, proporcionan un mejor sueño nocturno, elevan su estado de ánimo y proporcionan efectos anti-ansiedad. El ejercicio también aleja la mente de las preocupaciones y rompe el ciclo de pensamientos negativos que contribuyen a la ansiedad.

Se recomienda realizar 30 minutos o más

de ejercicio cinco días a la semana para tener un impacto significativo en los síntomas de ansiedad. Usted no necesita un programa de ejercicio formal en el gimnasio para experimentar estos beneficios. Se ha demostrado que la actividad física ligera tiene los mismos efectos, incluyendo la jardinería, las tareas domésticas, lavar el auto y caminar alrededor de la cuadra. Esto se puede hacer en pequeños intervalos a lo largo del día.

Es más importante hacer algún tipo de actividad física de manera consistente que apuntar a algo que no es sostenible. Sea realista y si necesita empezar con metas más pequeñas, hágalo. Se trata de cuidar de sí mismo de una manera que funcione para usted.

La herramienta natural más importante que puede utilizar para combatir la ansiedad es el ejercicio regular. Suena a cliché, pero la verdad es que el ejercicio afecta a la mente y al cuerpo en formas que la ciencia todavía está descubriendo.

Hay una razón por la que la prevalencia de la ansiedad ha aumentado con nuestros estilos de vida cada vez más inactivos. Correr todos los días puede hacer una gran diferencia en cómo lidiar con el estrés, cómo se manifiestan los síntomas de ansiedad y cómo regular el estado de ánimo.

Los mejores métodos de ejercicio para combatir la ansiedad son:

Correr libera hormonas para sentirse bien que tienen beneficios exponenciales para la salud mental. Puede ayudarle a conciliar el sueño más rápidamente, mejorar la memoria, disminuir los niveles de estrés y protegerse contra la depresión en desarrollo.

Las caminatas en un lugar boscoso o montañoso tienen efectos calmantes naturales en el cerebro. Estar cerca de las plantas y de las vistas terrestres ayuda a reducir la ansiedad gracias a los productos químicos que emiten las plantas. Además, estar en la naturaleza es excelente para la función de la salud y la memoria.

Yoga, muy parecida a la meditación, se ha descubierto que reduce significativamente la ansiedad y otros síntomas neuróticos que pueden llevar a la irritabilidad y la depresión. No sólo fortalece el núcleo, sino que también ayuda a concentrarse en la respiración, que es la clave para relajar la mente y combatir la ansiedad.

CapítuloCinco: Estrategias para Vencer la Ansiedad en Cualquier Lugar

Va a haber muchos casos en los que usted debe saber cómo manejar sus síntomas de ansiedad para poder funcionar correctamente. Este capítulo cubrirá una variedad de técnicas que usted puede usar para reducir la ansiedad y el estrés de manera efectiva.

Es posible que todas estas estrategias no funcionen para usted, así que experimente y encuentre las técnicas que prefiera y que mejor se adapten a sus necesidades. También descubrirá que ciertas técnicas funcionarán mejor en algunas situaciones que en otras.

Inhale y exhale lentamente durante 3 minutos.

Relaje los hombros y gire el cuello suavemente.

En palabras, diga en voz alta cómo se siente consigo mismo.

Activar la liberación de oxitocina en el cuerpo masajeando la mano.

¿Hay algo fuera de lugar? Vuelva a ponerlo en orden. Cuando sienta el orden físico en su vida, su sentido de orden mental también estará en su lugar.

Salga de la ciudad y haga un viaje fuera de su rutina normal.

Pregúntese cuál es el peor escenario que podría ocurrir y luego pregúntese cómo podría sobrellevarlo si ocurriera.

Tómese un descanso de resolver problemas y deje que su mente se relaje, procesándola en un segundo plano por un tiempo.

Tome un buen baño caliente.

Aprenda la importancia de perdonarse a sí mismo, especialmente para no prever problemas.
Aprenda la importancia de perdonar a los demás.
Tómese un descanso de ver las noticias y

leer el periódico. Lea un libro, una tira cómica o algo más ligero.

Escriba ese correo electrónico que ha estado posponiendo.

Haga esa llamada que ha aplazado.

Pruebe la meditación consciente. Simplemente, descargue mp3 gratuito de Google. ¡Encontrará algo que le guste y que le relaje!

Tómese un descanso de trabajar en un tema que haya investigado en exceso.

Acaricie a su querida mascota.

¿Hay un error que le está molestando? Cree un plan de acción para que no termine repitiendo ese error.

Pregúntese si se está apresurando a sacar conclusiones. Por ejemplo, si usted está preocupado por si alguien está molesto con usted, ¿sabe con seguridad que ese es el caso o sólo está asumiendo?

Acepte el hecho de que siempre habrá al menos una pequeña brecha entre su yo ideal y su yo real.

Reflexione sobre lo que va bien. Cuando piensa en lo positivo, pone a raya la ansiedad que causa el pensar demasiado y puede ver el panorama general.

Realice tareas regulares un 25 por ciento más despacio y permítase disfrutarlas.

Aprenda la importancia de reírse a carcajadas. Encuentre algo gracioso de lo que puedas reírse todos los días.

Exprese su gratitud más a menudo a los que están en su vida. Esto genera una mentalidad apreciativa, que le permite centrarse en lo positivo y no en lo negativo.

Guarde silencio por una vez y desconéctese del trabajo, la escuela, los quehaceres, etc. Demasiado ruido en nuestra vida diaria puede aumentar el estrés, por lo que el silencio es sagrado, especialmente en estos días.

Probablemente se esté preguntando cómo encajan estas estrategias en una "rutina de eliminación de la ansiedad de un guerrero". Bueno, todos lo hacen en cierto sentido. Los soldados deben ser capaces de tener la mente por encima de la situación, especialmente en las más deprimentes, a fin de estar con la cabeza bien nivelada para tomar las decisiones adecuadas.

Conclusión

Quiero felicitarle por leer Ansiedad:

Como estoy seguro de que usted ya sabe, la ansiedad es un trastorno terrible que afecta a las personas física, mental y emocionalmente. Puede ser difícil conquistar el día que se avecina cuando la negatividad rodea su vida diaria.

Espero que este libro haya traído a la luz nueva información sobre métodos para librarse de la ansiedad y vivir una vida mejor. Con este libro, ahora tiene las herramientas que necesita para vencer la ansiedad. Incluso si no erradica al 100% sus pensamientos y sentimientos negativos, aprender estas técnicas inspiradas por los militares le ayudará a aplastar los síntomas incluso antes de que comiencen.

Lodesafío a que empiece a usar al menos una de las técnicas sobre las que leyó en este libro a partir de hoy. Ahora depende de usted dar el siguiente paso para controlar su ansiedad, liberarse de sus garras y comenzar a vivir la vida que merece.

Finalmente, si encontró este libro útil de algún modo, ¡siempre se agradece una reseña en Amazon!

Parte 2

Introducción

Quiero agradecerte y felicitarte por descargar el libro.

Este libro contiene pasos probados y estrategias para enfrentar el estrés, la ansiedad y la depresión. Estos métodos están escritos especialmente con personas como tú en mente. Si quieres mejorar, debes seguir los consejos mencionados aquí.

Este libro también le informa sobre el estrés y la ansiedad, y sus causas. Sus efectos en la mente y el cuerpo también se analizan en este libro, así como la manera de evitarlos con éxito.

Gracias de nuevo por descargar este libro, ¡espero que lo disfruten!

Capítulo 1 - El estrés y la ansiedad

El estrés suele ser causado por el pensamiento negativo y la forma en que el cuerpo reacciona a los procesos de pensamiento. Ocurre cuando siente que no puede manejar la presión, lo que puede desencadenar sus respuestas fisiológicas.

La ansiedad se caracteriza por preocupaciones y temores irracionales que a menudo son provocados por personas, cosas, eventos y situaciones. Si bien es normal estar ansioso en momentos de dolor o angustia, la ansiedad prolongada puede ser un síntoma de un trastorno de ansiedad.

En pocas palabras, experimentas estrés y ansiedad cuando piensas en situaciones de manera negativa, lo que hace que tu cuerpo reaccione a tales procesos de pensamiento. "Luchar o huir" es la respuesta instintiva al estrés que tienes ante los eventos inesperados.

Es tu reacción natural a cualquier cosa, lo que parece amenazar tu supervivencia. Está cableado en su sistema porque lo heredó de sus antepasados de la era del

Paleolítico. Durante ese tiempo, luchan contra la amenaza o huyen por sus vidas.

Hoy en día, ya no es común encontrar un animal salvaje que pueda amenazar su supervivencia. No obstante, todavía se aplica la respuesta de lucha o huida. En momentos de pánico o peligro, desencadena automáticamente conjuntos de cambios que evitan su pensamiento racional.

Todas tus funciones físicas que pueden darte poder para huir o enfrentar al enemigo tienen prioridad. Para que sepa por qué el estrés a menudo tiene un efecto negativo en su salud, necesita aprender sobre los cambios fisiológicos que ocurren en su cuerpo a medida que experimenta la respuesta de lucha o huida.

¿Qué es la lucha o respuesta de vuelo?

En 1932, Walter Cannon, uno de los primeros pioneros de la investigación del estrés, observó por primera vez la respuesta de lucha o huida. Según él, un organismo libera hormonas que le permiten sobrevivir en caso de percibir una amenaza o un shock.

En los seres humanos, estas hormonas ayudan a luchar más y a correr más rápido. Aumentan su presión arterial y su frecuencia cardíaca, lo que hace que se bombee más oxígeno a su sangre y más azúcar en la sangre para impulsar sus músculos. También aumentan su sudor, para que sus músculos se puedan enfriar más efectivamente.

Alejan su sangre de la piel hacia el núcleo de su cuerpo para que pueda reducir la pérdida de sangre en caso de daño. Además, estas hormonas atraen su atención hacia la amenaza, haciendo que ignore todo lo demás.

Tu respiración se acelera para convertir más oxígeno en energía. Su corazón pasa al modo de sobre marcha para suministrar a su cuerpo más nutriente y oxígeno. Su sistema inmunológico se activa y se prepara para atender heridas. Su vista y atención se vuelven enfocadas y agudas, y su sensación de dolor disminuye a medida que su cuerpo libera hormonas analgésicas.

Debido a este aspecto fisiológico,

empiezas a ver el mundo bajo una luz negativa. Lo percibes como hostil, por lo que te preparas para luchar o huir. Cualquiera sea la opción que elija, su cuerpo gasta una inmensa cantidad de energía, lo que evita la acumulación de estrés asociado con esta respuesta.

La civilización moderna ha hecho que los encuentros con animales salvajes sean menos probables. Sin embargo, tu respuesta de lucha o huida inherente sigue ahí. Ya no es provocada por los depredadores, sino por otros factores amenazadores, como las preocupaciones con su vida cotidiana. Se puede desencadenar por divorcio, pérdida de trabajo, muerte de un ser querido, atascos de tráfico, etc.

¿Qué hacen el estrés y la ansiedad a tu cuerpo?

Tu cuerpo está conectado para lidiar con el estrés a corto plazo. Sin embargo, puede permanecer alerta durante más tiempo. Cuando esto sucede, te vuelves vulnerable a numerosos problemas de salud.

Sistema nervioso

Tu respuesta de lucha o huida comienza en tu sistema nervioso. Si está estresado y ansioso, los nervios simpáticos en su cerebro le indican a las glándulas suprarrenales que liberen cortisol y epinefrina. Los altos niveles de estos químicos pueden perjudicar su aprendizaje y memoria, y aumentar su riesgo de depresión.

Cuando desaparece la amenaza, su sistema nervioso le ordena al resto de su cuerpo que regrese a la normalidad. Sin embargo, si no lo hace, tu cuerpo comienza a sufrir. Algunos de los síntomas del estrés crónico incluyen ansiedad e irritabilidad. También puede sufrir de insomnio y dolores de cabeza. El estrés crónico puede llevar a la abstinencia social, a los trastornos alimentarios y al abuso de drogas y alcohol.

Sistema endocrino

Cuando se percibe peligro o amenaza, sus hormonas del estrés hacen que su hígado produzca más azúcar en la sangre. Esto te da la energía adicional que necesitas para luchar o huir. Sin embargo, si su amenaza está presente durante mucho tiempo, el aumento de glucosa en su cuerpo puede aumentar su riesgo de diabetes.

Sistema respiratorio

Cuando experimenta altos niveles de estrés, puede notar que está hiperventilando, respirando más rápido o sintiendo falta de aire. Si esto sucede con frecuencia, su sistema puede estar tenso y puede ser más vulnerable a las infecciones de las vías respiratorias superiores.

Sistema cardiovascular

El estrés agudo provocado por cambios importantes en la vida y otros factores pueden hacer que aumente su presión arterial y que su corazón lata más rápido. El estrés a largo plazo puede llevar a niveles elevados de colesterol, estrechamiento de las arterias, derrame cerebral, enfermedad cardíaca y ataque cardíaco.

Sistema reproductivo

En las mujeres, el ciclo menstrual se puede acortar o alargar, así como detener o hacer más doloroso por el estrés. Los niveles altos de estrés pueden conducir a la vaginosis bacteriana. En mujeres embarazadas, los niveles altos de estrés pueden aumentar las posibilidades de que el bebé desarrolle alergias o asma.

Sistema inmune

El estrés a corto plazo en realidad tiene efectos positivos, como estimular el sistema inmunológico y ayudar al cuerpo a luchar contra las infecciones. Sin embargo, el estrés prolongado puede retardar la curación de las heridas, hacerte más propenso a las infecciones y empeorar las condiciones de la piel como el acné, el eccema y la urticaria.

Sistema digestivo

Cuando está estresado o ansioso, su hígado produce glucosa adicional o azúcar en la sangre para darle más energía. Tenga en cuenta que el azúcar en la sangre no utilizado es reabsorbido por su cuerpo. Si está bajo estrés crónico, es posible que no pueda lidiar con este aumento de glucosa agregado. Esto puede aumentar sus posibilidades de tener diabetes tipo 2. Además, su sistema digestivo puede alterarse por el aumento de la frecuencia cardíaca, la ráfaga de hormonas y la respiración rápida. Esto puede causar que tenga un reflujo ácido o acidez estomacal. Aunque el estrés no causa úlceras directamente, puede empeorar las úlceras existentes. También puede experimentar dolores de estómago, vómitos, náuseas, diarrea y estreñimiento, ya que el estrés afecta la forma en que se ingieren los alimentos.

Sistema musculoesquelético

Cada vez que se percibe una amenaza o peligro, tus músculos comienzan a tensarse. Si sus músculos están tensos todo el tiempo, puede experimentar dolores de cabeza, dolor de espalda, de cuello y de hombros. Incluso puede ser susceptible a la osteoporosis.

Capítulo 2 - Causas de la ansiedad

Varios factores pueden desencadenar el estrés y la ansiedad. Las presiones y situaciones que causan estrés se denominan factores estresantes que tienden a tener una connotación negativa. Sin embargo, debes darte cuenta de que los estresores no siempre son negativos. Cualquier cosa que te obligue a hacer ajustes o te exija mucho puede ser un factor estresante.

Por lo tanto, los horarios agitados, las relaciones tóxicas, los problemas financieros y las largas horas de trabajo no son los únicos factores estresantes que puede tener. Incluso los eventos positivos o los hitos como tener un bebé, casarse, obtener un ascenso o mudarse a una gran ciudad pueden hacer que se sienta estresado y ansioso.

Por otra parte, los factores externos no son los únicos que causan estrés. El aislamiento y el estrés autogenerado también pueden hacerte daño. El compromiso social es una defensa natural contra el estrés, por lo tanto, carecer de una interacción humana constante y aislarte puede hacerte estresar o empeorar el estrés que ya tienes.

Del mismo modo, si te preocupas demasiado por ciertas cosas o te pones pesimista sobre la vida, también puedes sentirte estresado y ansioso. La preocupación crónica, el diálogo interno negativo, el pesimismo, la actitud de todo o nada, la falta de flexibilidad, el pensamiento rígido, el perfeccionismo y las expectativas poco realistas son algunas de las causas internas más comunes de estrés.

El trauma es otra causa conocida de ansiedad. Cuando experimentó un evento traumático en su vida, puede tener dificultades para lidiar con sus sentimientos. Cada vez que vea o encuentre un disparador, sus niveles de ansiedad pueden aumentar. Varias cosas pueden ser desencadenantes. Por ejemplo, si ha sobrevivido a un accidente aéreo, el sonido de los motores del avión puede ser un disparador que le cause ataques de ansiedad.

Las condiciones médicas y los medicamentos también pueden contribuir al estrés y la ansiedad. Por ejemplo, los inhaladores para el asma, las píldoras de dieta y los medicamentos para la tiroides pueden aumentar sus niveles de ansiedad.

Los trastornos de ansiedad también pueden ser hereditarios o genéticos. Si uno o ambos de sus padres o abuelos tienen un historial de ansiedad, existe la posibilidad de que pueda heredar el trastorno. Del mismo modo, puede pasarlo a sus hijos y nietos.

Además, la forma en que vives tu vida puede ser un factor para tu estrés y ansiedad. Aumenta tu riesgo si no comes sano o no haces ejercicio regularmente. El consumo de cafeína en forma de café, té o soda, así como el alcohol en forma de vino o cerveza puede aumentar sus niveles de ansiedad.

Capítulo 3 - Cómo evitar el estrés y la ansiedad

Preocuparse puede ser bueno cuando le pida que resuelva un problema y actúe cuando sea necesario. Sin embargo, si está constantemente preocupado por los peores escenarios y "qué pasa si", su preocupación se convierte en un problema. Usted puede quedar paralizado por temores y dudas implacables, que a su vez agote su energía y aumenta sus niveles de ansiedad. Si no se soluciona este problema lo antes posible, puede comenzar a interferir con sus actividades diarias.

¿Por qué es difícil dejar de sentir ansiedad y preocuparse?

La respuesta a esta pregunta radica en las creencias positivas y negativas que tiene con respecto a la preocupación.

Una de las creencias negativas que puede tener es que su ansiedad y su preocupación pueden ayudar a controlarlo, poner en riesgo su salud o volverlo loco. Por otro lado, también podemos creer que su ansiedad y preocupación pueden ayudarlo a prepararse para los peores escenarios, encontrar soluciones efectivas o evitar situaciones negativas. También podemos mostrar que usted es una persona concienzuda y humanitaria.

Las creencias negativas tienen empeorar sus niveles de estrés y ansiedad, y mantenerlos en funcionamiento. Esto es lo que te preocupa por lo que realmente no está durmiendo. Tus creencias positivas pueden ser más dañinas que las negativas. Puede ser difícil romper su hábito de preocupación cuando se cree que está protegido. Para que pueda deshacerse de su ansiedad y hábitos preocupantes, abandone la creencia de que tienen un propósito positivo. En el momento en que te das cuenta y aceptas que te preocupas es un problema y no una solución, empiezas a ganar el control de tu mente nuevamente.

¿Cómo puedes evitar el estrés y la ansiedad?

Para evitar que usted se preocupe, salga

de control, espere que llegue y haga clic para ello en su agenda. Simplemente decirte que no te preocupes no funciona. Incluso puede intentar distraerse a usted mismo en vano. De hecho, puedes hacer que tus pensamientos estresantes y ansiosos se vuelvan más fuertes y sigues alejándolos.

¿Estás familiarizado con la prueba del elefante rosa? Bueno, deberías cerrar los ojos e imaginar un elefante rosa. Visualiza los detalles de tu cuerpo. Una vez que la imagen se vuelve vívida en tu mente, deja de pensar en ella. Pase lo que pase, abstenerse de pensar en elefantes rosados en los próximos sesenta segundos.

¿Funcionó? ¿Tuviste éxito en no pensar en los elefantes rosados? Lo más probable es que no. Esto es porque simplemente suprimir tus pensamientos no es suficiente. Cuando se trata de no pensar en algo, la probabilidad de que se piense en ello es mayor. Cuanto más intente suprimir el pensamiento, más frecuentemente vuelve a su mente a él.

¿Qué puedes hacer sobre este dilema?

Puede tener un período de preocupación durante el cual solo se enfoca en sus factores de estrés durante un período de tiempo específico. Una vez que termine este período de preocupación, debe volver a su trabajo o tareas.

Establezca un lugar y una hora específicos para sus pensamientos preocupantes y ansiosos. Asegúrate de mantener el mismo lugar y hora para condicionar tu mente que es durante esta hora y en este lugar puedes entretener tus pensamientos. Su período de preocupación también debe ser unas horas antes de irse a dormir para que no tenga dificultades para dormir.

Por ejemplo, su período de preocupación es de 4 PM a 4:30 PM. A lo largo de estos treinta minutos, puedes pensar en lo que quieras. Preocúpate tanto como puedas. Sin embargo, cuando suene la alarma, deje de pensar en lo que tenga en mente y vuelva a sus actividades habituales. El resto de su día no debe preocuparse.

Posponer su preocupación es otra estrategia efectiva, ya que rompe su hábito de concentrarse en sus preocupaciones cuando tiene muchas otras cosas que hacer. Siempre que los pensamientos de ansiedad vengan a tu mente, haz una nota mental sobre ellos y elige tratarlos más tarde. En este momento, enfócate en lo que sea que estés haciendo. Cuando llegue más tarde, es posible que ya hayas olvidado el ansioso pensamiento que acabas de tener.

También puede escribir las cosas que le causan estrés o ansiedad. Luego, durante su período de preocupación, debe revisar esta lista. Si tales pensamientos aún te molestan, déjate preocupar pero solo por un tiempo específico. Incluso puede que te sorprenda que no los encuentres tan necesarios como antes. En este caso, puede reducir su período de preocupación y tener más tiempo para disfrutar.

Según los investigadores, cuando te preocupas, te sientes menos ansioso temporalmente. Entonces, cuando pasas por encima de tus problemas en tu cabeza, te distraes de tus emociones y sientes que has logrado algo.

Sin embargo, la resolución de problemas y

la preocupación son dos cosas diferentes. Entonces, si realmente quiere aliviar su estrés y ansiedad, debe preguntarse si su problema es solucionable en lugar de simplemente preocuparse por él.

La resolución de problemas consiste en evaluar la situación, encontrar los pasos necesarios sobre cómo tratarla y poner en práctica su plan. Por otro lado, preocuparse no conduce realmente a una solución. Puede preocuparse por cierto peor escenario durante todo el día, pero eso no cambia el hecho de que no esté preparado para ello en caso de que realmente suceda en la vida real.

Otra forma de evitar el estrés y la ansiedad es desafiar sus pensamientos. Cuando empieces a tener pensamientos negativos, pregúntate si estos pensamientos son realmente plausibles. Comience por determinar el pensamiento ansioso y sea lo más detallado posible acerca de lo que le preocupa o le asusta. Examinar y desafiar sus temores y preocupaciones le permite tener una perspectiva más equilibrada.

¿Son tus pensamientos reales o meramente tu opinión? ¿Qué dicen otras personas sobre estas cosas? ¿Qué evidencia tienes para probar que tus pensamientos son reales? ¿Cuál es la probabilidad de que tus pensamientos realmente pasen? ¿Son tus pensamientos útiles? Si alguien más tiene los mismos pensamientos, ¿qué les dirías?

Finalmente, acepta la incertidumbre. Las personas que a menudo están estresadas y ansiosas no pueden soportar la imprevisibilidad o la duda. Siempre quieren estar 100% seguros de las cosas. Debe darse cuenta de que preocuparse no lo hará predecir el futuro ni saber lo que tiene para usted.

Puedes pensar que preocuparte te hace sentir más seguro, pero eso es solo una ilusión. Si te concentras en los peores escenarios, solo te evitarás disfrutar de las grandes cosas que tienes. No puedes evitar que ocurran cosas malas. No puedes controlar todo. Si desea evitar el estrés y la ansiedad, debe dejar de lado su necesidad de respuestas inmediatas y certeza.

Capítulo 4 - Crear nuevos hábitos

Liberarse de sus viejos hábitos destructivos es uno de los primeros pasos hacia la felicidad y la productividad. Estos viejos hábitos le han impedido alcanzar sus metas, formar buenas relaciones y tener éxito en la vida. Si no los reemplazas por otros positivos, continuarán derribándote, destruyendo tu autoestima y evitando que seas feliz.

¿Cuánto tiempo se tarda en formar nuevos hábitos?

Todos están conectados de manera diferente; por lo tanto, la cantidad de tiempo que le toma formar nuevos hábitos no es exactamente la misma que cualquier otra persona. Sin embargo, hay un pseudo-mito popular que dice que un nuevo hábito puede formarse después de veintiún o veintiocho días. La verdad es que en realidad lleva sesenta y seis días incorporar un nuevo hábito en su cerebro.

Un estudio de psicología publicado en el European Journal of Social Psychology dice que después de sesenta y seis días de actividad ininterrumpida, se forma su nuevo hábito. En pocas palabras, tu acción se vuelve automática.

¿Cómo puedes crear nuevos hábitos?

Ya que está tratando de lidiar con el estrés, la ansiedad y la depresión, necesita crear nuevos hábitos que le permitan ganar claridad, tener paz mental y estar más contentos. Estos hábitos positivos te ayudarán a convertirte en una persona mucho mejor.

Sé específico con el hábito que quieras crear.

Es posible que desee convertir un viejo hábito en algo más beneficioso o puede comenzar desde cero. Al determinar el cambio que desea que ocurra, se vuelve más preparado, motivado y enfocado. Es importante ser honesto contigo mismo y asegurarte de que todo lo que deseas es realmente alcanzable.

Reconoce el propósito y las intenciones de tu hábito.

Ser consciente de sus intenciones de desear un cambio puede ayudarlo enormemente en la formación de su hábito. Puede anotar las razones por las que desea desarrollar tales hábitos. Su viaje hacia la formación de su nuevo hábito puede ser fácil o difícil. Sin embargo, mientras recuerde lo que desea, permanecerá en el camino correcto.

Comprende el valor de crear tu nuevo hábito.

Pregúntese si su nuevo hábito puede realmente ayudarlo a convertirse en una mejor persona. Averigua qué es lo que realmente está reservado para ti. Todo el proceso de crear nuevos hábitos no es fácil. Por lo tanto, realmente necesitas saber si habrá una recompensa al final. Al determinar el resultado de crear su nuevo hábito, estará motivado para mantenerse enfocado en alcanzar su meta.

Practica y repite.

Los dichos "la repetición es clave" y "la práctica hace perfecto" son ciertos. Incluso Aristóteles citó una vez: "Somos lo que hacemos repetidamente. La excelencia, entonces, no es un acto sino un hábito."

Entonces, aunque no existe una persona perfecta, puedes alcanzar la perfección a través de la práctica constante. Si quieres mejorar en algo, tienes que practicar. Repite el paso una y otra vez hasta que lo consigas. Luego, repítelo una y otra vez hasta que lo domines.

Por ejemplo, si quieres aprender a tocar el piano, tienes que practicar todos los días. No tiene que pasar todo el día, pero puede dedicar de dos a tres horas para la práctica. Cada semana, te mejores. Un día, se dará cuenta de que ha recorrido un largo camino desde que comenzó.

Lo mismo ocurre con los hábitos de formación. Al principio, puede ser difícil. Puede tener dificultades para ajustar. Puedes olvidar ciertas cosas. Sin embargo, a medida que continúas haciendo lo mismo una y otra vez, tu mente y tu cuerpo se acostumbran a hacerlo. Eventualmente, se vuelve automático.

Espere disparadores y señales de advertencia.

Identifica las pistas que da tu cuerpo cuando estás a punto de volver a tu viejo hábito. Identifique las personas y las situaciones que lo hacen propenso a la reincidencia.

Por ejemplo, si solía comer comida chatarra cuando estaba estresado y desea superar este hábito, trabaje en ser consciente de los momentos en que siente la necesidad de comer helado o papas fritas para consolarse.

Cuando anticipa estos signos reveladores, puede averiguar cuándo y cómo activar su nuevo hábito.

Establezca un plazo específico para su plan.

Un artículo publicado por la Universidad Internacional de Florida dice que se necesitan veintiún días para eliminar un mal hábito y formar uno nuevo. Con enfoque y estrategia, puede formar nuevos hábitos con éxito. Comience una nueva rutina y haga ajustes en sus actividades diarias.

Tenga cuidado con las distracciones a las que puede enfrentarse mientras sigue su camino. Incluso puede recaer antes de tener éxito. Solo recuerda que estas cosas no te hacen un fracaso. Es su capacidad para manejar las interrupciones y volver a la pista rápidamente lo que determina sus resultados finales.

Mantén tu motivación viva.

Mantener su motivación en funcionamiento puede ser una tarea difícil. Su nivel de determinación puede incluso disminuir a medida que pasan los días. No obstante, debes darte cuenta de que hay muchas maneras de recompensarte. Puedes motivarte imaginando los frutos de tu trabajo. Manténgase optimista y obtenga refuerzos positivos de familiares y amigos.

Capítulo 5 - Practica la meditación de atención plena.

Cuando se preocupa, tiende a centrarse en lo que puede suceder en el futuro y en lo que debe hacer al respecto. Preocuparse demasiado por el futuro puede hacer que se sienta ansioso y estresado. Con la atención plena, puede liberarse de estas preocupaciones y devolver su atención al presente.

La atención plena consiste en observar tus pensamientos y luego dejarlos ir. Es la capacidad de mantenerse al tanto de sus sentimientos actuales y de las experiencias internas y externas de momento a momento.

Cuando practica la atención plena, puede determinar dónde su pensamiento causa problemas y ayudarlo a ponerse en contacto mejor con sus emociones. Básicamente, la atención plena consiste en reconocer y observar tus sentimientos y pensamientos de ansiedad, dejar de lado tus preocupaciones y mantenerte enfocado en el presente.

La atención plena le ayuda a mantenerse concentrado y calmado en el momento presente para que pueda devolver el equilibrio a su sistema nervioso. La meditación de atención plena se ha practicado durante mucho tiempo para reducir la ansiedad, el estrés y la depresión, entre otros problemas de salud mental.

Para practicar la meditación consciente, necesitas encontrar un ambiente tranquilo. Lo ideal es elegir un lugar que sea aislado y tranquilo. Puede ser en cualquier lugar: en su casa, en el exterior o en un templo. Tiene que ser un lugar donde pueda relajarse sin interrupciones ni distracciones.

Además, asigne un tiempo específico para la meditación. Las horas más ideales son temprano en la mañana, especialmente entre las 3 y las 5 de la mañana. Según los antiguos maestros y practicantes de la meditación, es durante estas horas que tu mente se encuentra en su estado más fresco. Es como una pizarra en blanco que puedes llenar fácilmente con buenos pensamientos.

Además, en la mañana, meditar te ayuda a prepararte para el largo día que tienes por delante. En la noche, la meditación le ayuda a despejar su mente de las cosas estresantes que sucedieron durante el día y lo prepara para una buena noche de sueño.

Tener un tiempo constante para la meditación te ayuda a formar un hábito. Cuanto más lo haces, más automático se vuelve. Puede configurar un temporizador o un reloj de alarma a una hora específica. Muy pronto, ya no pensarás o planearás hacerlo.

Al despertar, su cuerpo se moverá instantáneamente hacia su lugar de meditación. Del mismo modo, antes de ir a la cama, sentirá la necesidad de meditar en su lugar específico. Se necesita disciplina para despertarse antes de lo que solía. Puede ser difícil al principio, pero eventualmente te acostumbrarás.

De todos modos, también es necesario encontrar una posición cómoda. Debes estar cómodo para que puedas centrarte en la meditación. Use ropa cómoda también. Si no te sientes cómodo y sigues inquieto, tu mente no podrá enfocar correctamente.

Sin embargo, usted debe permanecer sentado. No te acuestes, ya que esto puede hacer que se quede dormido. Solo con la espalda recta y las piernas cruzadas. Puede sentarse en la posición de loto en el suelo o en una silla.

Si está usando un reloj de alarma, manténgalo cerca de usted, pero no demasiado cerca de lo que podría distraerlo. Coloque su rostro lejos de usted para que no se sienta tentado a revisar la hora de vez en cuando, distrayéndolo de su sesión de meditación.

Necesitas un punto de enfoque. Puede ser cualquier cosa, ya sea real o imaginaria. Si elige meditar con los ojos abiertos, puede mirar fijamente un objeto como su punto de enfoque. Por ejemplo, puedes mirar fijamente la llama de una vela.

Si elige meditar con los ojos cerrados, puede visualizar su punto de enfoque. También puede elegir un mantra o una frase o palabra con un significado especial. Repite tu mantra a lo largo de tu sesión de meditación.

Por último, es necesario tener una actitud observadora y no crítica. No te preocupes por tener pensamientos que te distraigan. Si alguna vez se te ocurren, déjalos ser. No trates de luchar contra ellos. En su lugar, debe volver su atención suavemente a su punto de enfoque.

Capítulo 6 - Practicar ejercicios de respiración.

Los síntomas de ansiedad, estrés y depresión a menudo están relacionados con técnicas de respiración deficientes. Muchos de los que sufren de ansiedad tienen malos hábitos de respiración que empeoran sus síntomas. Si quieres sentirte mejor, practica técnicas de respiración profunda.

La respiración profunda es una poderosa técnica de relajación, que se enfoca en respiraciones completas, profundas y de limpieza. Es la piedra angular de varias otras técnicas de relajación, y es ideal para combinar con estos elementos relajantes para obtener mejores resultados.

Es fácil de hacer y puede hacerlo en cualquier lugar, brindándole una manera rápida de aliviar el estrés. Si está ansioso o tenso por dar un discurso en público o por ofrecer una actuación frente a una audiencia, puede practicar técnicas de respiración profunda durante unos minutos antes de subir al escenario.

La clave de esta estrategia es respirar profundamente desde su abdomen, para que pueda llevar la mayor cantidad de aire fresco a sus pulmones como sea posible. Cuando respira profundamente desde su abdomen en lugar de la parte superior del tórax, puede tomar más oxígeno. Esto es genial porque cuanto más oxígeno inhalas, menos ansioso y tenso te sientes.

Para empezar, necesitas sentarte con la espalda recta. Póngase cómodo. Coloque una mano sobre su pecho. Coloque su otra mano sobre su estómago. Suavemente y lentamente, respire por la nariz durante cinco a siete segundos. Debería notar que la mano sobre su estómago se eleva y la mano sobre su pecho se mueve ligeramente.

Aguante la respiración durante tres o cuatro segundos antes de exhalar suave y lentamente. Frunza los labios como si estuvieras silbando cuando exhalas. Expulsa la mayor cantidad de aire posible a medida que contraes los músculos abdominales. Debería notar que la mano sobre su estómago se mueve hacia adentro mientras exhala y la otra mano se mueve ligeramente. Haga esto durante siete a nueve segundos.

Continúa inhalando por la nariz y exhala por la boca. Inhala lo suficiente para que tu abdomen inferior suba y baje. Repita este ejercicio de respiración profunda de diez a veinte veces.

Los ejercicios de respiración profunda le impiden la hiperventilación, que es un problema común entre las personas con ansiedad. También lo ayudan a recuperar el equilibrio de dióxido de carbono en su cuerpo, lo que lo ayuda a mejorar su condición y evitar que sus síntomas de ansiedad empeoren.

Entonces, nuevamente, si tiene dificultad para respirar desde su abdomen cuando está sentado, puede recostarse en el piso. Puede colocar un libro sobre su estómago y respirar hasta que note que el libro se levanta cuando inhala y cae cuando exhala.

Capítulo 7 - Ejercicio y Realización de Actividades Aeróbicas.

Los beneficios físicos del ejercicio se han establecido desde hace mucho tiempo. Todos los expertos están de acuerdo en que el ejercicio regular puede ayudar a combatir enfermedades y mejorar las condiciones físicas. No obstante, el ejercicio no solo es bueno para tu cuerpo físico. De hecho, también es ideal para su salud mental.

Los estudios demuestran que el ejercicio puede reducir efectivamente la fatiga, mejorar la función cognitiva general y mejorar la concentración y el estado de alerta. Por lo tanto, es seguro decir que el ejercicio es útil cuando su capacidad para concentrarse y sus niveles de energía se han visto afectados negativamente por el estrés.

Cuando el estrés afecta su cerebro, junto con sus conexiones nerviosas, todo su cuerpo siente el mismo impacto negativo. Es por esto que necesita condicionar su mente y su cuerpo cuando está estresado.

Debido a que su cuerpo se llena de adrenalina durante los momentos de estrés y ansiedad, debe poner esa adrenalina hacia la actividad física, como los ejercicios aeróbicos.

El ejercicio produce endorfinas, que son sustancias químicas en su cerebro que sirven como analgésicos naturales, mejoran su capacidad para dormir y reducen sus niveles de estrés. Los ejercicios de intensidad baja a moderada son ideales porque te hacen estar más saludable y con más energía. Puede intentar trotar o caminar a paso ligero, por ejemplo.

Según los científicos, los ejercicios aeróbicos regulares pueden reducir significativamente los niveles de tensión, mejorar el sueño, aumentar la autoestima y aumentar y estabilizar los niveles del estado de ánimo. Incluso si está demasiado ocupado con el trabajo, puede hacer ejercicio durante cinco minutos. Se sorprenderá al descubrir que cinco minutos son suficientes para estimular los efectos anti-ansiedad del ejercicio.

Lo que el ejercicio le hace a tu cuerpo.

Bombea endorfinas. Cuando realiza actividad física, como ejercicios aeróbicos, fomenta la producción de endorfinas. Por lo tanto, su estado de ánimo cambia rápidamente de enojado, triste o frustrado a feliz y optimista.

Te da los beneficios de la meditación. El ejercicio es prácticamente meditación en movimiento. Requiere enfoque. Cuando haces ejercicio, debes concentrarte en tu respiración, movimiento y postura. A medida que comience a deshacerse de sus tensiones cotidianas a través de la actividad física y el movimiento, se dará cuenta de que concentrarse en una sola tarea resulta en optimismo y energía, lo que le permite mantenerse tranquilo y tranquilo en las cosas que hace.

Sirve como una distracción positiva. Si estás estresado o ansioso, puedes jugar al raquetbol, nadar en la piscina o jugar a cualquier otro juego de ritmo rápido. Después, te darás cuenta de que ya no te sentirás tan irritado como antes. Esto se debe a que el ejercicio también sirve como una distracción positiva. En lugar de ser consumido por sus preocupaciones, se ve obligado a concentrarse en sus movimientos.

Mejora tu estado de ánimo. Cuando hace ejercicio regularmente, mejora gradualmente su confianza en sí mismo. La actividad física puede ayudarlo a relajarse y reducir sus síntomas relacionados con la ansiedad y la depresión. El ejercicio también te ayuda a dormir mejor por la noche, para que puedas descansar y despertarte sintiéndote renovado y rejuvenecido.

Capítulo 8 - Recitar afirmaciones positivas

Otra forma de lidiar con el estrés, la ansiedad y la depresión de manera efectiva es recitar afirmaciones positivas. Estas son palabras que te repites una y otra vez hasta que están arraigadas en tu mente subconsciente.

Las afirmaciones positivas son autodisciplinas anti-negativas, por lo que ayudan a mejorar su autoconfianza y autoestima. Son mensajes que lo alientan y lo motivan a hacer su mejor esfuerzo.

Un estudio presentado en el Journal of American CollegeCollege mostró que las participantes mujeres que aplicaron técnicas cognitivas de comportamiento en su vida, como las afirmaciones positivas, lograron reducir sus pensamientos negativos y aliviar sus síntomas de depresión.

Por lo tanto, esto solo prueba que las afirmaciones positivas son efectivamente efectivas para ayudarlo a sobrellevar los trastornos de salud mental. Si utiliza afirmaciones positivas correctamente, mejorará la calidad de su vida.

Realmente no es tan difícil usar afirmaciones positivas. Simplemente tienes que escribir las declaraciones que quieras decirte todos los días. Escríbelas para que no las olvides.

Cada mañana, al levantarse, debe caminar hacia el espejo y recitar estas afirmaciones positivas en voz alta y clara. Mira tú reflexión con atención mientras recitas las afirmaciones para ti mismo.

Debe hacer esto todos los días hasta que se convierta en un hábito. Por la mañana, al despertar, su primer pensamiento sería recitar sus afirmaciones positivas. A medida que avanza el día, recordará sus afirmaciones y se sentirá mejor al instante. Tendrás más confianza para enfrentar los desafíos y superar las adversidades. Serás valiente para hacer cosas que siempre has temido hacer. También serás más inteligente y más inteligente, tomando decisiones más razonables.

Consejos para crear afirmaciones positivas

Tenga en cuenta sus palabras, frases y

oraciones. Seguramente, no quieres enviarte el mensaje equivocado. Así que antes de finalizar sus afirmaciones, asegúrese de verificar los enunciados y las frases.

Tenga en cuenta que las emociones tienden a conectarse con las palabras. Mientras recitas tus afirmaciones positivas, tus emociones siguen su ejemplo. Por lo tanto, debe abstenerse de usar palabras que se relacionen con emociones negativas, como "odio". En su lugar, debes reemplazarlos por sus contrapartes positivas, como "amor".

Usa el tiempo presente. Su mente subconsciente no es capaz de diferenciar oraciones positivas y negativas. Todo lo que sabe es el presente, por lo que debe escribir y recitar sus afirmaciones positivas en tiempo presente. Por ejemplo, no digas "confié". En su lugar, deberías decir "Tengo confianza".

Mantenga su mente tranquila y relajada. Para que tus afirmaciones sean efectivas, debes recitarlas cuando tu mente sea clara, no caótica. De esta manera, tu mente puede absorber completamente lo que te estás diciendo a ti mismo.

Capítulo 9 - Escuchar música

Según los investigadores, escuchar música suave puede aumentar el recuento de células inmunitarias, reducir los niveles de hormonas del estrés y disminuir la presión arterial. Además, se ha descubierto que la música tiene un efecto profundo en las emociones.

Por ejemplo, la música rápida puede hacer que te concentres mejor y te sientas más alerta. La música alegre o feliz puede hacerte sentir más feliz y optimista sobre la vida. Los tempos más lentos pueden relajar sus músculos, aquietar su mente y aliviarle después de un día largo y agotador. En otras palabras, la música puede ser una forma efectiva de relajar y administrar sus niveles de estrés.

Estudios recientes muestran que la música con sesenta latidos por minuto puede hacer que su cerebro se sincronice con el ritmo y produzca ondas cerebrales alfa, que están presentes cuando está consciente y relajado.

Si quieres quedarte dormido, acuéstate y

dedica al menos cuarenta y cinco minutos a escuchar música relajante o calmante. Según los investigadores de la Universidad de Stanford, escuchar música puede cambiar la función de su cerebro de la misma manera que los medicamentos pueden hacerlo.

Entonces, cuando estés estresado, ansioso o sintiéndote mal, simplemente acelera algo de música y deja que todas tus preocupaciones se esfumen. Los expertos recomiendan celtas, indios americanos, instrumentos de cuerda indios, flautas y tambores.

Estos tipos de música pueden relajar efectivamente tu mente incluso si los tocas en voz alta. También puedes escuchar los sonidos del trueno, la naturaleza y la lluvia. Son ideales para ser combinados con otros géneros de música, como el clásico y el jazzligero.

Por otra parte, el tipo de música que escuchas depende de ti. Puedes elegir la música que más te guste. No te obligues a escuchar música instrumental o clásica si realmente no te gusta. Hacerlo solo inducirá tensión en lugar de relajación.

Por lo tanto, debe sentirse libre de elegir cualquier música que lo haga sentir cómodo, sereno y relajado. Use las recomendaciones de los expertos como pautas, pero siga con lo que realmente quiere.

Puedes escuchar tus canciones favoritas cuando solo quieras relajarte y desvestirte de tu apretada agenda. Puedes escuchar música funky mientras corres o corres para mantenerte con energía. Del mismo modo, puede escuchar jazz suave o clásico si desea aclarar su mente y concentrarse en hacer su tarea.

Conclusión

¡Gracias de nuevo por descargar este libro! Espero que este libro haya podido ayudarlo a aprender más sobre el estrés y la ansiedad y sobre cómo enfrentarlos de manera efectiva.

El siguiente paso es comenzar a hacer los métodos que ha leído en este libro, para que finalmente pueda reducir sus niveles de estrés y ansiedad y vivir una vida más feliz.

Nuevamente, gracias por comprar este libro, creo que la mayoría de estos métodos pueden aplicarse a su vida. Use esto como una guía para principiantes para ayudar a controlar la ansiedad. Si encuentra que este libro es beneficioso, por favor, déjeme un comentario sobre si cualquier comentario es bienvenido, bueno o malo.

¡Gracias y buena suerte!